U0141994

文史哲詩叢之9

大水漫過深冬

張大水著

文史哲出版社印行

國立中央圖書館出版品預行編目資料

大水漫過深冬 / 張大水著. -- 初版. -- 臺北市
：文史哲，民83
面；　公分. -- (文史哲詩叢；9)
ISBN 957-547-828-2(平裝)

851.486　　　　　　　　　　　　82008537

⑨　　叢詩哲史文

大水漫過深冬

著　者：張　　大　水

出版者：文　史　哲　出　版　社

登記證字號：行政院新聞局版臺業字五三三七號

發行人：彭　　　正　雄

發行所：文　史　哲　出　版　社

印刷者：文　史　哲　出　版　社
台北市羅斯福路一段七十二巷四號
郵撥〇五一二八八一二彭正雄帳戶
電話：三　五　一　一　〇　二　八

中華民國八十三年二月初版

實價新台幣一四〇元

大水漫過深冬
——張大水抒情詩2000行

臘梅，深冬裏奪目的火焰

你熾熱的燃燒

令我感到酸楚的寒意

為什麼獨獨把花期選擇在臘月呢

擦拭玻璃，我們不難

發現大雪鋪天蓋地

梅，在這虛幻的棉絮裏

你真的感覺溫暖些嗎

大水漫過深冬

目　　錄

純樸的詩韻
韓嘉川

　　他的詩透出了冬日一樣的純樸，這正如他這個黑燦燦的俊小伙。我最初讀他的詩是在去年，當時被他的那首《輪迴》的立意和語言感覺所打動，以及那深含的哲理。而今，他將一本要結集的詩稿給我，讓我為其作序，我卻覺得惶惑。

　　這本集其幾年心血於大成的書將要出版，當然是可喜可賀的事情，同時又覺得詩之於他的意義又是那麼微妙。這些年與許多寫詩的年輕朋友在一起的時候常常有這種感覺，詩讓他們入魔，他們在用詩印證這個世界。張大水來得是那麼坦率，對愛情對人生從一個純樸的心境裏鋪展了開來，如冬日裏的雪，「擦拭玻璃，我們不難／發現大雪鋪天蓋地／梅，在這虛幻的棉絮裏／你真的感覺溫暖些嗎」（《端詳梅花》）。他沒有試圖讓他的詩行承載得很多，幾乎沒有多大負擔地坦露自己，因此便透示著真。「詠雪女孩／不要輕啟你傲慢的小嘴／不要傾吐你絨花的情誼／街面正流行感冒／不保留點熱情／如何對付賴皮的冬季」（《詠雪女孩》）也許是從愛情寫起，也許是對人生的感悟，而一種殷切的心態寫出了他對美的崇尚與追求。我想不必求全責備詩人是否傳達得精確，這些已足夠我們透視一個心理世界了。《青春牧場》、《別》、《芍藥》等詩章都有著這種耐人尋味的意境。

　　讀詩，我們總在尋找一種與生命相關的東西，也是詩歌意義的一種把握。在張大水的詩中所寫出的是其對於生存的思考，在

《打馬遠行》中，輕巧地打開了中國農民在當今這個時代背景上的一條思路，「穿過民風，行走於市井」在人們不得不向傳統的耕作、陳舊的生活方式告別的時候，所面臨的是怎樣一種「行情」呢？可惜這類作品在這本集子裏不是很多，但至少已看出了詩人的觸角。

　　如果說我們可以探討的更多的話，《祭海子》以及其他似乎在詩人來說來得更自覺些，但是我覺得許多事又不能過分難為，好在他來得率眞，這已構成了張大水詩歌的品質了，問題在於他為此吃了些「苦頭」，詩不好寫，讓編輯們接受也難，但是張大水要成為詩人又是沒有辦法的事，那麼我們就只能盡其淨化任其操練了，相信他會成功。

　　能為序嗎？隨文字去吧。

　　　　　　　　　　　　　　92年4月25日凌晨於青島

哀的美敦書

我知道
你不會無動於衷
面對我高頻的旗語
你應該想到
我早已雙臂酸痛

有火藥就裝進魚雷吧
把你用沉默為我
　　鑄成的超重頭盔
連同仲春
　　遺失在舢舨上的浪漫
一并炸成沒有意象的粉末

新港的航標燈
　　在向我頻頻眨眼
我無意讓方舟
　　在等待裏
老成一座
孤島

　　　　　　　88. 10. 6

海　市

那日黃昏
我初次涉足那片
　　柔軟的海灘
把春天裏裝進胸腔的
　　那顆后羿的太陽
傾吐給無垠的蔚藍

海的柔波沸騰了
海風很溫暖
兩抹紅雲
把航標燈掩映在
海天相接的海岸線
接著
有海市出現

誰不想到海市裏走走
我卻醉成一條木然的塔桿
可憐的我
竟不知道
走入海市是海的企盼
此後

我時常光顧那片海灘
然而
至今沒有海市出現

　　　　　　　88. 10作

秋天裏的春天

用自信擎一柄艷艷花傘
醒目地裊過世俗
故意不穿風衣
說是為體驗秋的意趣

哦
你終於目無餘子
踩霜葉於高跟鞋底了
不再把它蕪雜的脈絡
當作青春導遊圖上的
　　　鐵軌

我這裏春意正鬧
請把坤表倒撥兩個季度
在春裏
定
格

89. 1. 6

航海日記

你的倔強系數好大
將夜脹成冗長的簫聲
年青的深水港
航船失衡————

心兒跳進摩登時代
眼波被黑暗收容
瞳孔的餘燼無意中引爆
久蘊的深情

吃水線在逐漸下降
水位直線上升
這個遠離陸地的深夜
我該何去何從

89. 1. 4

給誰誰知道

一

你傲岸的孤獨
聳成心海彼岸的塔樓
我　孑立方舟
正欲向你呼救
你卻頻頻發出ＳＯＳ……

你稚密的年輪間
　　沒有旋梯
我走不進你層迭的誘惑
怎奈得腥風鹵雨
將你不設防的風鈴銹蝕

讓我們對視
靜靜地對視
從睫柵的披靡間
透讀對方笑意背後的清苦
不必多說什麼
你我
不再孤獨

二

你淒楚的目光
凝成冰掛一樣的柵欄
女孩
讓我如何進門
與你一道流淚
迎著風
我只能長歌當哭

在這青霜滿天的深秋
還是把你唯一的珍藏
　　釀成纏綿的甘醇吧
你知道
我嗜酒如命
不醉得五體投地
我斷斷不敢輕撫你
　　潔白的芳名

所有給你的信都寫在臉上
請蓋上胭紅的郵戳
我超載的郵遞馬車
正亟待上路

90. 4. 6

詠雪女孩

在這雨雪涕零的冬日
不要跟著哭泣
詠雪女孩

你胸中的情絲
已纏成大團的絮
這我知道
詠雪女孩
不要輕啓你傲慢的小嘴
不要傾吐你絨花的情誼
街面正流行感冒
不保留點熱情
如何對付賴皮的冬季

當冰川融成歡唱的小溪
當紅柳綴滿嫩綠的音符
熱愛陽光的女孩
多情的春風
自會理順你紛亂的思緒
如今春天尚遠
你該繫緊風衣

89.1.27

流淚不如淋雨

烏雲早已散逝
你的睫檐
仍滴嗒伊甸園的雨季

其實你應該知道
中醫院也賣西藥
胡楊樹也能接雪桃
街上只流行感冒
你何以憂心忡忡──
立掌打坐避不開紅塵
四大皆空裏點石成金
你應該遠行
朝著正午的太陽
　　　遠行
南國的花傘會告訴你
流淚不如淋雨
災難原不過是一場誤解

89. 1. 14

贈千百惠

走近窗前
你就看到了自己
被盯視的不再重要
飄香的咖啡
是方舟沉沒的水域

過於輕鬆的擁有
已隨歲月流逝
孱弱的你
如何撈得起重創的記憶
撒出的目光
　　　拉乜了眼神
膘悍的我
該怎樣助你一臂之力

89. 1. 28

給楊春霞

盤根錯節的生命力
不是一方青石板所能壓抑的
新筍白嫩得疼人
沿石縫委曲成西皮慢板

亂雲飛渡的時候
兩枚修長的竹葉抖了兩抖
差些兒漂零
我的心也抖了兩抖
差些墜落

如今已天高雲淡
杜鵑滿山
我仍時常淚流滿面

89. 2. 14

鴒　子

下火車的時候
那只羽毛未豐的鴒子
　　落上肩頭
帶著剛出籠的拘謹

陌生的城市正值初春
沒磨成粉的種子都已經發芽
蟲子們早就鑽進樹心裏去了
只好從牙縫裏剔米粒餵它
把工農兵年畫疊成飛鳶為它領航
然後，拿Ｘ光照它
然後，梳理它的羽毛

後來也扇動了幾下翅膀
懶洋洋的
後來也叫了幾聲
極像鸚鵡

一個月只是一把咫尺
節氣還不到更衣的溫度
春雨下了整整一個歸程

下意識中撐了好幾回傘

如今，鴿子又回到原來的籠子
離住處不遠
偶爾傳來一兩聲叫
仍像鸚鵡
主人時常翹他的拇指
背地裏我老有些酸楚

89. 3. 15

風　箏

三月
風箏背叛記憶
兀自灑脫於遠方的暴風
信鴿的歸期一誤再誤
銜回的雨星冰冷冰冷

幽思依舊瘋長
星稀露冷的子夜
以踱步執著地丈量
　　　月亮由缺到圓的遙徑

風箏疲憊歸來的那個婉約黃昏
幽怨一下子落乾了
你不再婉約
從歸鳶的眼睛
起勁地呼喚失落的風情

做一次新的背叛吧
如今我是暴雨
我是風

89. 5. 9

失眠的花匠

自從
那株芍藥移居家園
失眠沒有再度發生

不是沒有長旅
不是沒見過矢車菊
牡丹花也有些芳而不芬
　　因雅而俗

其實
你雪絨花般的目光
並沒有過多的關照
甚至故意別轉開去
卻永夜都在追憶
真真有些害怕
此後的日子裏
誰能擔保
這等痴痴的我
不對你説些
那等痴痴的夢話

89. 6. 22

一把小雨傘

這些天
老陰沉沉的
出門每每帶上雨傘
雨卻一直沒有下成
這難免叫人暴跳如雷

空著手的時候
這世界老是流淚不止
如今這傘
成了丟不掉的包袱

按早年的脾氣
該扔在路隅
想想雨水總會降臨
加上脾氣略有好轉
不如留住

89. 6. 3

你經常無話可說

如果
有人見到你感到委屈
並且流淚了
你將有種神聖的感觸
這不是普遍情況

更多的時候
面對陽台和麥地
你有著同等的冷漠
氣沉丹田
任憑秒針步履匆匆
睜開眼瞼
只求與星空對視

茶壺越貴
往往盛水越少
從嘴裏吐出茶葉
你仍然無話可說

89. 6. 11

不太美妙的感覺

許多耕作
不是為了收獲
某種墒情
卻慫恿你不由自主地播
播，比如麥子上場之後
剛下過一場雨
你到坡里
很容易順手點種幾粒芝麻
這完全出於習慣
從未長過莊嫁的地塊
你甚至害怕收獲

如果恰巧是正午
太陽帽顯然幫不上大忙
打傘又好像不合時宜
這個時候
你會像一只灰篷篷的青鳥
　孑立枝條
嘆氣

89. 6. 18

青春牧場

至於
春天究竟是如何降臨的
第一場雨下過之後
已不再重

開門閉户間
你發現季節已進入揚花期了
這時候
儘可以沿對過幽長的瞳孔
放縱你騎手的眼神
如果看不到牧場
看不到牛羊
那就是說
需繼續操練

冬不拉的外弦上
綴有最柔嫩的音符
合著青春的心律
你的演奏會瀟灑得淋漓盡致

89. 6. 26

風風火火的季節

每日
就那麼熒熒燃燒
在我外視野之外
內視野之內

火舌交融
太陽雨紛瀉的時候
那無字的呻吟
代表了你絕美的憂傷是麼

回首來路
是潑墨的寫　意
展望征程
柏翠松綠
不致引起森林大火吧
請理順一下頭髮和呼吸
幫我捉住青春季風的韁繩
向雲蒸霞蔚的黎明飛馳

89. 7. 12

無能爲力

世界七彩斑斕
我卻沉溺於盲目的閱讀
目的與記憶
都被感覺抽象而去

我知道
黑暗的外緣
耳朵劍麻般聳立
我知道
劍麻的後邊
眼睛鬼火般閃煜
任它去，任它去
我知道
在人糊塗的時候
上帝也奪拉著眼皮

89. 7. 6

蝶之惑

莊周之蝶
沿歲月的河套且翔且駐
吻別的花朵次第凋零
又有玫瑰昭示花期

紅塵掛滿羽翼
冰川也遷上眉宇
水邊的佳人卻說
正合君子風度

陽光普照的日子
遙問故園的村姑
你們的春夢
何時破繭而出

89. 7. 24

打馬遠行

摔下出眾的果實
背叛祖傳的家園
在秋天
我要打馬遠行——
穿過民風　行走於市井
我要打聽父老的血汗
在這裏的行情
我要知道
農業之外
另一種耕耘的收成

城市的天空下
走著村莊
　　不安分的後生

　　　　　　91. 10. 6

沒事，你可以到湖邊坐坐

如果
黑色幽默已在你唇邊
　　拱出初春氛圍
偶爾，你可以到湖邊坐坐
我很清楚
眼瞅著滿坡的玉米辮叭叭瘋長
你必將產生一種挺拔感

在湖邊
你找塊石頭
再找一種姿勢坐在上面
然後把腳　伸進湖裏
踹三踹，蕩三蕩
你會發現那感覺非同一般
我知道
泛起的淤泥會使你覺得划不來
不管怎麼說
一對一面對水草鑲邊的湖泊
你的小腿會洗得嫩藕般白淨
你的心空會浴得藍天般一絲不掛

沒事，你真的可以到湖邊坐坐
在那裏
你會有比挺拔更偉大的發現

89. 8. 2

滾來滾去

經適度敲打
那些汗毛未褪的西瓜
感到自己就是
　　　后羿射落的太陽
於是
在一個大風天裏
一骨腦滾上自由市場
太陽臉紅了
沉吟了片刻
乾咳了兩聲

水果刀在協稅員手裏
切了幾個半生不熟
求檢的西瓜勇氣頓消
東風將它們刮回瓜園
看瓜人到西天追草帽去了

這批西瓜
個大、皮厚、糖分不足
國家廉價收購

89. 8. 22

別

道聲夏安
你便匆匆越過季節的拱門
走了，獨留下悵然的我

沿了那條悠揚的小路
你漸漸看不清了
我仍高揚著那種姿勢
溫習你熱辣辣的眼神
我知道
山那邊秋日的稿箋上
已詩句遍布了
去吧
我就站在夏天
站在這棵垂柳下等你

等你狐履霏雪而來
等你花枝招展而來
等你擎荷曳裙而來
等你碩果累累而來
記住
別讓我等成老人石

89.9.7

那年夏天

在路上
我看見春玉米高擎雄穗
　　站成方陣
那綠色表情
讓我想起
那年夏天授粉的情形

我清楚記得
我們是穿過《農業基礎知識》
（全一冊）十七頁第六行的字眼
手把手走進了實驗田的
後來，落雨了
雨停之後
我們才警覺
走得太遠了……

如今每每看到玉米
你便一臉的嚴肅
有人問起
你便說——
想起了張藝謀那片《紅高粱》

89. 9. 19

落　葉

站在秋天的邊緣
看黃葉淒然凋落
那過程令人酸楚

樹
木木地
樹就那麼木木地站在那裏
沒落的葉子
像什麼也沒有發生
只顧對太陽矯飾戀情

你揀起一片失意
目光洇洇如洗
夾進塵封的日記
連同大顆的淚滴

89. 10. 30

寂寞的紅果園

送你一枚紅果
你竟將整座果園付我

哦　這透熟的果子
皺紋密布，淚眼模糊
小心翼翼地愛戀著
這座秋天的幼果園

走進夜幕下的園子
扭動一下身體
便聽到細胞提煉白銀的微響
白天之外
這是上好的光芒

失明的時刻
你可以呼喚我的乳名
天狗游蕩的日子裏
我已學會指鹿為馬
如今月食尚遠
蹲下身就會矮人半截
別讓碎銀的微光弄糟了興致

站起來親愛的
大道正迎我們上路

89. 10. 31

兔子不拉屎的地方

兔子不拉屎的地方
有人常年拉屎
當然
還吃高粱紅薯

這裏瘋長荊棘、貧窮還有孩子
只是思想老長不大

公園裏的風景看膩了
這裏也成了城裏人的風景
畫院的幾個表現派
把這裏人野便的姿勢繪成一種氛圍
掛進城市的展室
據說得了富士山獎

這裏人立刻感到
油畫般光彩
並且高人一籌

89. 10. 31

另一種風景

零亂的步履間
短短的手杖
支撐起邁進的信念

沿它的指向
翻過豐滿的山巒
沉甸甸的音符
瀑布般滑入低谷
回聲四起

你的表情
一天天莊重起來
卻無心干涉
頭頂陶罐的人
前來淘米

89. 12. 8

虛構的故事

那年四月
在遙遠的海濱城市
一位漂亮大姐
用海鮮招待過你

記得那是吃晚飯的時候
她的門虛掩著
你輕輕一推便進去了
這是後話
那個時候
你的芳唇四周
黑色幽點還未形成氣候
皺紋也沒有一道，只是
在吃法上你很不在行
她耐心地輔導你
鮮得你呸舌又心悸

如今你已粗壯成男子漢
這座城市近便了不少
街道窄了
賣海鮮的多了起來

打聽那位大姐的下落
有人說：跳海死了

你落淚了
打濕了這個虛構的故事
哭鼻子的時候
你覺得這個世界滿有人情味兒

89. 11. 22

勸　導

冬天的日子白如宣紙
白如宣紙的冬日
　　攤開在陽光下
顯得愈發樸素
當春風沿多維的走向
　　先你踐約
濃濃的寫意
每每演義成無期的相思

一把生銹的叮囑將你深鎖
柵欄之外
已花開幾度
市面上
童話的叫賣聲此起彼伏
請乘上我驃悍的駿馬
上路

89. 12. 28

無雪的冬天

這個城市很擠
為了進去
我們常常不得不出去

在城市的視野之外
我們與月亮還有寒冷
　　　共同結構一種風景
用抽象思維
將一段故事加長
　　　然後縮短
如同默默無聞的編輯

這個無雪的冬天
我們對玩雪生發了濃厚的興趣
下雪的時候
你高興得手舞足蹈
我卻一動不動
像只受了委屈的貓咪

90. 1. 17

祭海子

從陽台到麥地
比從麥地到陽台遙遠許多
許多　看風景的人
都走在去公園的路上
麥地詩人
到達麥地的時候
你已是瘦骨嶙峋
　　一貧如洗了

你的骨頭
就裸在赤裸裸的太陽下面
你的骨頭
就裸在矮墩墩的麥稞下面
紅紗巾就圍在少女的脖子上面
她們不捨得拿它替你收屍

原諒她們
我心胸狹窄的弟弟
一萬頃麥子守望著你的夢境
你至聖的魂靈有資格安息

六月雪

我從那場六月霏雪中醒來
你已經走了
台歷上沒留你的去向

我手握拐杖佇立街角
守候你的歸途
日復一日
你沒有回來
我只能帶著多日積雪
尋訪一座又一座雪的遺址
馬不停蹄

也許　你薄薄的履歷上
業已堆起厚厚的積雪了吧
我想知道
大雪封門的時候
你可曾憶起
我倆相扶在那場雪中的彳亍

90. 6. 19

溪邊磨坊印象

對牛彈琴
你整日對牛彈琴
打窗户跳進的陽光
掠奪著你的柔情
磨道上的牛
嘴角吊著自信　踩著慢四步
顯得任重而又道遠

我遠道而來
磨道空著
牛下地去了
你的琴掛在那兒
你的琴就那麼搖晃著
羞澀地掛在那個地方
想起眼下正是禮貌月
我使勁拿右手把住左手

你別轉的眼神意味著什麼
告訴我，親口
告訴我
美麗的愛爾依曼英娜

90．3．6

請　求

上路吧
別回頭
看見我滿目的淚

青山綠水間
我們深入淺出
共同領略日出的境界
那時候
你的眸子多像溫柔的木棉
我知道
造就你注定失去你
卻不曾相信
你會用鋒利的冰刀
割捨我茂盛的華蓋
曬我在正午的陽光下

同齡的女兒
錯遇的友人
在這個酷熱的季節裏
請別將鹽巴抹上我的創口

90．4．8

輪　迴

動了動
我是説那杯子動了動
晃出去的成了烏雲
留下的水
我説已結成冰狀聯盟
在冬季
誰都不願承認冰
　　　和玻璃的差異
何況據説
好事就在冬天的背後

滿世界傳來杯子的破裂聲
在融化的冰水裏面
一下子不見了玻璃的蹤影
春姑娘説來就來了
故鄉的上空陽光燦爛成夏
農人的草帽漏洞百出
麵包車沿形式邏輯滑過田埂
茶色玻璃後面
龍井茶泡出宏偉藍圖——
夏天就要過去

秋天還會遠嗎
那個時候
漫山遍野的那個果子喲
該紅的就紅了
該黃的就黃了
只是要有耐心
如同冰塊
蹲在冬天的深處
等待仲春的光景

90. 3. 16

致三毛

聽你的話

我沒問你從哪裏來

流浪的姐姐

你不該撇下幼稚的小弟

這麼早就去了那裏

那是一個比撒哈拉更荒涼的地方

沒有荷西，沒有弟弟

也　　沒有橄欖樹

不是說一畝田就夠了嗎

不是要種春風的嗎

怎麼說走就走

不等看見新芽

不等梨花開盡

就走了呢

前世的鄉愁你帶走了

童年的創口你帶走了

只把無望的思念

留給了被你洗盡紅塵的弟弟

三毛

你這個不裝大的

狠心的姐呀

91. 5. 27

了

春天來了
楊柳綠了
槐花開了，僵蛇
也從冬天的深處
　　挺過來了
道路很長
我的腿疼病又犯了
瞥一眼沒有盡頭的路
心也老了

　　　　　　92. 4. 25

ＰＮ結

形成於旅途

形成於一條左腿和一條右腿之間

天上落下三月裏的小雨

戴著眼鏡也看不清外面的世界

很想沿著這條道路一直走進夏天

像雷鋒那樣

這條標語給歲月晾乾又淋濕

臉有些燒

車窗吹進的風比較涼

出站的時候

你的手沒拿出腿的勇氣

挽住第三者的溫柔

後來在一路電車上

你突然想起別丟了錢包

左手伸進褲兜摸了好一會兒

右腿一下子感到力不能支

90. 3. 17

（ＰＮ結：是指在導電類型相反的兩種半導體
交界處形成的一種單向導電結構。）

講故事的老人

話説有一家為打孩子
過死了門子……
講這話的是位不老的爺爺
他理著虛無的鬍鬚
眯著眼睛笑看人間

話説有一家為打孩子
過死了門子……
你快説呀
孩子們催促

讓我想想，讓我
想想……
老人歪臉對準了太陽
……阿……嚇……
孩子們笑了個底兒朝天

孩子們，都回家去吧啊
今兒個天冷
先不説了　阿……嚇……

90．4．18

又見外婆

又見外婆
是那天正午
陽光從天空下來
烤炙著蟬鳴
烤炙著塵土

外婆，你比走的時候老多了
蓬頭垢面
嘴巴乾癟鬆弛
乳房乾癟鬆弛
汗流浹背
躬坐於院門右邊的隕石上
那是你懷揣我的童年
經常落座的石頭啊

我送你一塊沒吃完的西瓜
你那貪婪的吃相
令不孝的外甥心酸吶
外婆，記得你在世的時候
你總是別轉身去
你說不喜歡呀

外婆　陽光盡頭至善的親人
告訴我
我該如何邁過歲月悠遠的跨度
為你重盡未孝之孝

　　　　　　　　90. 7. 21

重歸故里

在肥豬過來的道路上
我徒步返回家園去
我的家園
在育肥肥豬的鄉下
任沿途的槐香沁滿心脾
任路旁的麥浪染綠眸子

它們是一路乘車遠去的
這種氣候之下
育肥率極高
髒得要命卻身價百倍
飽食終日
莊戶人從不計較

豬們對麥綠不屑一顧
走過坎坷之後
閉目養神是它們唯一的使命
若沒有被擠下車的危險
它們連一聲都不肯哼哼

我的旅途極靜

我的勞頓極重
唯一的安慰
是一茬年輕的麥子
　　開始張開的眼睛

90. 8. 9

出家人

預支未來歲月
所有的悲哀
交付墳丘
出家人
上路
了

出家人一步一回頭
墳頭的五穀始終沒有發芽
直到邁進那個境界
出家人的目光落乾了

出家人站如松
　　坐如鐘
出家人深居淺出
　　兩袖清風

出家人的菜譜裏沒有眼睛
只有茄子、黃瓜、韭菜、蔥
每每有眼睛閉上
出家人也閉上眼睛

卻從不流淚
出家人大悲無痛
　　大哭無聲

另一層境界
得沿香火搓成的繩索攀登
很少有人禪透不二法門
半山腰擱淺了芸芸眾僧

　　　　　　　　90. 10. 15

咖啡、杯子以及桌面亮度

滾燙的咖啡
沿杯壁注入杯底
這個過程
再樸素不過
考慮到桌面亮度
你不得不把暖瓶的熱情
冷卻一個上午
外加一個下午
然後聲稱，還是涼開水解渴
在這個酷熱的夏天
偶爾借朋友的杯子
解一兩回渴
這也未嘗不可
只是注意
別燙傷清漆
以及底下好看的紋理

90. 7. 8

牧　童

偶而甩打一下羊鞭
抑或
扯起嗓子吆喝幾聲
這──
就是你的全部使命了

母羊產奶
公羊產毛
犄角彎曲為某種象徵
逢年過節
塑料花是上好的饋贈
圈裏的羊兒心滿意足
受寵若驚

很久沒能聆聽那帶著
　　泥土芳香的牧笛了
這唯一的遺憾
沒有羊兒說給你聽

　　　　　　　90. 12. 11

清　風

每次探家
都有父輩老去的消息
這次過世的
是老光棍——
當年的二隊會計
你是在一個雨天
隨那兩間茅草屋
　　　一同倒下的
鼓樂隊的長號送你一程
　　　又一程
你卻總也走不出
鄉親的歉意

你曾是綠波裏的中流砥柱啊
那個時候
你的年紀
正是我現在的年紀
你領著鄉親
下雨打苫，刮風揀石
在正午的陽光下揮汗如雨
你的責罵能閃斷鋤把

你不說歇息
新媳婦得憋酸了奶汁
尿濕了褲子
你乾脆睜一只眼
　　　閉一只眼
不在乎她們背地裏喊你騾子
叫你驢……

如今　她們也來送你了
淚水把她們的手帕打濕
別再睜一只眼閉一只眼了
好好看看
你的入黨申請已得到審批
坑席底下的二百元零錢
也已轉給了黨組織

　　　　　　　　91. 1. 20

牧羊溯源圖

深入淺出的長老
還我貞心
如今天起涼風
日影飛去
帶著對你的愛情
我要離開莊園
到有豹子的山上去
那裏，我積重難返的弟兄
已尸骨遍地

讓夜露打濕它們
就像打濕崢嶸的岩石
給它們以靈性
就像春天
給幹枝以新綠

我的弟兄
我的群牧
趁月色正皎
手持羊鞭
我要指引你們

順原道下行就可走出歧路
在野百合開放的山谷
我要放牧你們
就像當初
長老放牧我們
就像當初
長老的長老放牧他們

在安恬的笛聲裏吃草吧
我同輩不同位的弟兄
羊鞭如果抽在你們身上
我要你們相信
那是為了愛情

91. 1. 29

摸魚兒·送友人

人易老
韶華倏逝
不覺秋聲幾度
芳年不耐五更寥
那曉遺憾無數
喚春駐
不應好
一江春水馳如故
寂寞孑立
看水天接處
三二蝙蝠
殷勤織夜幕

常立志
大浪淘沙又誤
鬚眉了無人妒
千金難買書生路
稚幼誰解我腹
莫貪逸
君不見
碧天裏風鵬正舉

追悔莫及
休度羊腸路
五指不辨
歸門愛妻子

91. 2. 9

奈　何

從山菊花出發
你的目光無力抵達
　　　夏日荷芯
季風中
候鳥紛紛向春天遷徙
灑亮麗的脆鳴
於蕭條的枝椏

你只能依循命定的河道
高掛雲帆
追溯流逝的歲月
向著野草
表達違心的愛情
且在仲秋裏吟雪
懷春於深冬
把經濟基礎束之高閣
將頭疼留待來生

91. 1. 3

口訣後遺症

早年記熟的口訣

影響至今

我已無力抉擇

意中的情人

震耳欲聾的讚美聲裏

什麼時候加入了我的歌唱

我一點沒有覺察

咀嚼了一個春天的口香糖

什麼時候吐給了兒子

我一點都不知道

看著兒子感激涕零的樣子

我感到肉麻

卻羞於啟齒

因為

我粗壯的雙腿

亦無力邁出口訣的邏輯

91年

等待出鋼

白淨的文字
催化銹漏的飯碗
以及蝕落的鉚釘
透過石英
我看見謊言
　　　已燒得爐火純青
並且　有鋼水湧現——
絕對有鋼水湧現！！

等待出鋼的人呵
誰也不肯用墨境
遮掩狂喜的心情
巨大的歡呼聲中
我發現鏡片已被鋼化
大家一下子失明

91年

雪　屋

在你必經的路旁
我以濃濃的相思
築起一幢雪屋
供你在旅途的勞頓裏
短暫地駐足

多少個寒冷的黃昏
我翹首以待
你總是目無餘子
步疾如初

無奈地目送你的瀟灑
飄逸地走過
我沒有眼淚
但我無法欺騙説
也沒有痛苦
多希望你的冷酷只是
　　一種策略
多盼望在我的注視裏
你驀然回眸

91年

哭海子

那個手持語言刀片
　　劃傷我們皮膚的孩子
將刀片一丟
拎起一籃子未及塞進
　　我們傷口的思想
走了　沿著鐵軌的走向
一直走去　迎面
草綠色火車
蛇樣游來……

據巡道工人講
他曾和枕木有過熱烈的親吻
——遠遠地
看見他白花花的思想
濺得滿地都是
他吻過的枕木上
紅杜鵑迎風盛開
一時間落日黯然失色
如今
我痊癒的傷口
已重新陷入麻木

那枚丟在路隅的刀片
　　　已銹跡斑斑
我無力自傷
誰來傷害我

生死界

披兩肩風塵
傲立碑林
無語
看歲月掩沒足跡
不二法門近在咫尺
只恐一步邁過不得回歸
而這個世界又萌新綠

且在進退之間鼎立
在時間中凝固
成碑
無字

91年

嘶啞的斷章

整個春天
沒有一封來信寄到我的名下
遠方的朋友和敵人
　　　已經死光？抑或
以為我英年早亡

如含　有耐心解開那簇疑團的
只剩下我一個
在超短裙上市的初夏
我淚流滿面。目送
　　　駝背的青春走向遠方
其實，我已習慣於悵望
你們來與不來已與我無妨
我卻只能在深深的懷念裏
打發無夢的時光
一度靠啼血
染紅過夏日黃昏的真純的一群喲
在夕陽照徹的那方花園
你們的歌聲　是否亮麗如初
燦爛輝煌

在你們拋棄的城市
被你們拋棄的伙伴
手握祖傳的農具慘淡經營
蕭條一再發生
遠在鄉間的父母
我只能從北風送來的炊煙裏
猜測他們收成，以及
健康狀況

流浪歸來，你們會發現
這個城市
盆景重新流行
製造工藝簡便易學——
把青春的枝干扭曲　划傷
按照丑的法則規範美
讓一棵參天大樹禪在盆中
飽經滄桑
城市郊區
森林面積在急劇下降
街心公園清冷的晨風中
　　玩弄花拳繡腿的

依舊是那幾個花匠
市中心熱鬧的花市上
有一株盆景被廉價出賣
上面的杜鵑凝固了目光
惜別多年的俊友
滿面春光的弟兄啊
如果辨出了我嘶啞的呼喚
千萬不要替我哀傷

91. 5. 7定稿

汲水的人

割麥歸來
你該看見我滿面的汗水、塵土
以及瘦削的目光
這些塵土
通過根莖　通過水
曾與麥粒息息相關
這給過我們深刻啟示
如今，這一過程
已昭然若揭
前天，在北方那塊廣袤的平原上
鐮刀過處
我看見麥子倒了一地
然後捆在一起
年輕的麥子
短命的思想者
乳香的思想
被晒乾揚淨，磨成了麩皮
幹練的身軀
被送進紙廠打漿待處
所有這些
怎不令我流淚不止

尤其是吃著往年的饅頭
在一張白紙上
塗寫沒有負擔的
　　今年的詩歌的時候

麥收剛過
我整個身心
　　感到從未有過的謙虛
汲水的人，這次
我無法讓你不
空罐而歸

　　　　　　　91. 6. 26

疲於奔忙

一場火災帶來冬天
一場大雪順理成章
被黑炭燒紅的石頭
業已冷漠如鋼

獨立蒼茫，舉步維艱
我聽見青銅的聲音
傳遍山崗，讓詩歌的鈍刃
削鐵如泥已成神話
我只能用來削足適履
然而　我仍要以筆為杖
遍踏山林，尋訪
帶著心病勞作的工匠
除了鐮刀、錘子
你們是否尚缺冬裝
細辨蕭條之上
除了蒼白的雪花
還有什麼花朵綻放
質問道行高深的方丈
這空濛的鍾聲
日夜為誰敲響

雨　巷

擎一把油紙傘
走進窄窄的雨巷
被打濕的
是中年的記憶
童年的幻想
這條淺淺的裏弄
接待過無數馬匹
那些從來不備雨具的
趕牲靈的粗人
在巷子深處丟下飼料，扔下
　　咒罵，雨意未盡
又冒雨前往
笑容可掬的麗人
面對今日帝王
你該做何感想
衣冠楚楚而來
雨過天晴
衣冠楚楚而往

91. 7. 9

提提于堅

韓東、萬夏他們
端坐於詩中
被於堅多次提起
那時的于堅
名氣不是很大
如今這些名字，連同他們的
詩歌，丁當丁當輝煌個不休
如此説來
被名人提到是件不錯的事體

老韓，我説其實
你的詩比于堅
差不上長江大橋那麼寬
當年寫詩
幹嘛不提提小于
險峻的地方
容足之地有限
先行一步
就可佔據高處
叫火車拉到新疆的那匹小羊
沒准已在沙漠走失

或被當地人烤上了席——
翻遍所有的報刊，以及
政府工作報告
沒尋著叫小羊的老朱

我最要好的朋友張偉
除了播音，寫詩
兼辦尋牲口啓事
看在于師傅的面上
找小羊可以不花紙幣

大水是張偉的筆名
大水的名氣
至今還是個問題，不過
大水泥沙俱下的詩中
將陸續提及一些名字
張恨　呂子
白丁　相如

　　　　　　　91. 6. 27

黃昏印象

所謂黃昏
就是太陽將落未落
天色將黑未黑的
那麼一種情況
這種情況之外
秒針在表盤上轉了十幾圈
或許更多一些
這不代表什麼
從疾步如飛的秒針身上
你讀不出半點黃昏跡象

要深刻地感受黃昏
你得到郊外去
在古樸村莊的西緣
正襟危坐。這時候
半坡收工的隊伍裏面
會傳出嘹亮的高叫——
萬馬齊喑一驢獨鳴的
　　　那麼一種高叫
這種聲音
深入你城市生活的鄉村部分

令你潸然淚下
沿粗壯的叫聲
你可以觸摸到
城市賴以生存的根

91. 7. 9

淵面斷想

大水自遠古湧來
淵面之上
我看見魚龍混雜
起伏跌宕
自甘沉淪的金子啊
你讓我深悟沉默的力量
任波濤喧嚷
只作一枚無語的蚌
在惡臭的淤泥中
咀嚼稀疏的陽光
千年之後
定有明珠在桑田閃光

芍 藥

芍藥
花冠碩大的草本植物
骨朵初綻
讓人想起少女
抹著口紅的芳唇

春天，在蓬萊
楊朔描述過的多遍的那個
　　　熟悉的風景區
你與一從芍藥對視良久
任塗著口紅的女人
以及時間
從你的身邊無聲滑過
你不動聲色
並漸漸發現　芍藥
這曾在你窗前生活多年
又在你生活中絕跡多年的
　　　樸素植物
不儘可以入藥，尚可
入詩

91. 8. 15

朝　聖

通往鄉野的路
是城市的根
漸細漸遠
漸遠漸細。村莊
——城市根梢碩大的症結
時常在吃好飯的正午
扯痛城裏人滿心的愜意

村莊靜美，炊煙高聳
在南方之東　太陽升勝的方位
村莊出眾的後生
面朝黃土　背負黃昏
向頭頂落日的村莊
　　頂禮膜拜
忘記飢餓、羞恥、時間
　　以及虛榮
蒼天在上　祖宗在上
後生在下

91. 8. 16

夏天的思緒

一個夏日

思緒像無風的正午

不見所長

日有所長

抱肱而立

懷念擁你入懷的日子

抽一口香煙

再抽一口香煙

始見你煙波中的眸子

91. 8. 28

毫無疑問，我將一路走下去

從金色的葉片上
已無從辨認青春的痕跡
髭間飄逸的胡須告訴我
已經離家出走多年了
先我出發的浪人
一些笑臉　落在了身後
一些背影遮擋著視線
時而傳來幾聲底氣不足的咒罵
我無心傾聽它們的內容
毫無疑問
我將繼續前行
並一路走下去
直到與迎面而來的那個大太陽
撞個滿懷

91. 9. 4

無所事事的春天

我該如何避開詩歌——
精美的謊言
表達對你的感激
歲月潺湲的水畔
我時常以奶洗面
　　　以淚洗心
卻未曾設想
以刻著皺紋的憂傷
濡染你初綻的芳菲

ＬＪ，潔白的麗人
多年之後
我仍將銘記
農曆正月初六
這個開滿梨花的日子
只是今春
　　漫長的季節裏
除了寫詩
給你我
恐怕將無所事事

92. 2. 14

分手時刻

分手時刻
大家哭成了淚人
這種場面不便久留
——我知道自己，也許
流不出眼淚

想想共渡的時光
大家好成了一個人
如今就要天各一方了
大哭一場才是
有淚湧出
便值得認真擦拭
偶而透過指縫瞅我一眼
也未嘗不可

我的眼睛乾燥著
手帕也是乾的
這就顯得很不夠意思

生命中有多少次分手
我就會遭遇多少次尷尬——

這種場面我不便久留
但分手時刻我無法逃匿

　　　　　　　　92. 4. 6

一個下午

在這間九平方米的小屋
我們兩個人
足足呆了一個下午——
你是別人的夫人
我有自己的老婆

浪漫音樂在錄音機上流淌
我的心卻被傳統浸漬
你是為熨衣服而來到小屋的
按照制度
這是八小時之外的事情
如今　你把制度關在了門外
你把我們關在了制度之外
我看你的時候
你瞅著衣服
你看我的時候
我瞅著窗戶　　問
我們敢不敢ＫＩＳＳ
你說：你敢
我不告你

……
……
後來
你看著我，我看著你
後來
你熨你的衣服
我看我的窗户
在這間九平方米的小屋
我們整整呆了一個下午
不該發生的事情
絕對沒有發生
應該發生的事情
沒有絕對發生

92. 4. 9

無爲的犧牲

寶劍的鋒芒隱約覺察
有堆白骨就在附近——
微弱的陰風
可怖的寒冷
年輕的寶劍怒氣衝衝

寶劍在恐懼中嘶喊
寶劍在狂怒中舞動
蒼鹿聞風喪膽
那朵叫不出名字的紫花
卻依舊滿面春風

寶劍越戰越勇
鮮花以靜制動
就在寶劍夭折的一剎
白骨現出原形

92. 4. 3

端詳梅花

舊曆新年來臨之際
我放下手頭的活計，停止
　　　一年之中維持口糧的操作
轉向對梅花的關注

臘梅，深冬裏奪目的火焰
你熾烈的燃燒
令我感到酸澀的寒意——
為什麼獨獨把花期選在臘月呢

擦拭玻璃，我們不難
發現大雪鋪天蓋地
梅　在這虛幻的棉絮裏
你感覺溫暖些嗎？

不必說什麼感激
真的不必　我知道
化雪的日子將不勝寒冷
可是梅，倔強的花朵
你知道嗎　　　　　　　92. 4. 11

等　待

似乎已經很久了
你依然在等待著

等待窗外那對白鴿的回歸
等待書桌那盤殘棋的結局
等待夢中那輪朝陽的升騰
等待除夕那串新年的鐘聲

等待不能沒有焦灼的煩惱
等待難以避免渴慕的不安
但是等待啊
它是生命交響曲華麗樂章的必要前奏
等待是衝鋒號角吹響之前的必要休整

生活需要等待
在長久的別離中等待相聚的幸福
事業需要等待
在艱辛的攀登中等待發現的喜悅
愛情上要等待
在難耐的考驗中等待甜蜜的初吻
健康上仍然需要等待

在無望的絕症中等待奇蹟般的再生

翻閱早年的詩曆
你體驗的也許只是不可名狀的失落
辨認身後的足跡
你獲得的也許只是痛心疾首的悔過
有時候
你覺得自己　再也無力繼續你的等待了
但奇跡的出現
又一次充實了你等待的元氣

就這樣天天等、月月等、年年等
等待最後一絲迷霧的消失
等待最初一抹藍天的顯露
等待是一首永生難捨的戀歌
等待是一個邈遠而又實在的美夢

91. 4. 9

夢

五月的鮮桃

結滿了別人的園子

新嫁的海棠

有著盎然的生機

我是空空道人

行色匆匆——

太陽西下

我只能行色匆匆

左首是迷人的港灣

右首是神秘的客棧

我知道

自己將又一次錯過

　　浪的璀璨

錯過世人的恩典

本空手而來

不再乎空手而歸

只是歸後的宿地

是怎樣意義上的一種家呢

92. 9. 28

哭鼻子的媳婦

哭鼻子的媳婦
我要你擦乾眼淚
我要你看著我的眼睛

你是別人媳婦
我不是別人
別人只看你的創傷

別人不看我的時候
我看著你的眼睛
哭鼻子的媳婦
我要你擦乾眼淚
就讓別人照料你的創傷好了
我來照料
你的眼睛

92. 10. 10

嗯哪之歌

嗯哪，嗯哪

小小的嗯哪

你的芳名

我已記下

嗯哪，嗯哪

美妙的嗯哪

千種風情

萬份融洽嗯哪，嗯哪

北國的嗯哪

是次之後

我放心不下

嗯哪，嗯哪

絕倫的嗯哪

心愿伴君

浪跡天涯

好嗎

嗯哪

好嗎

嗯哪

好嗎好嗎

嗯嗯哪哪

92. 10. 25

子在川上

邏輯中人
是誰讓你
在語詞的菜藻裏
　　游刃有餘
我入水的雙手
徒留滑脫的失意
是誰讓你
游弋於我眼底
難道儘儘為了，我是
　　唯一的臨淵之人

水中的戲子
智慧的美人。蒼天有情，大水透明
但我知道
太陽的光輝
無法溫暖一條
　　冷血的魚

就讓我臨淵
直到哀毀骨立
化作一汪濁水
任你嬉戲　　　　　　92. 11. 3

驚蟄天的遭遇

驚蟄那天
我看見有
　　　　蛇
　　　　出
　　　　洞
寸七洞離寸七
遠的蛇
　　的頭顧
　　　　它
　　了家想
蛇
不
知道該就此退回
　　　　　　抑
　然來洞得出或
　後
　還回
我知道
邪不壓正
卻不敢與之對視
我手握鐵鍬

站在離蛇七步遠的地方
　　　冷靜片刻
然後突然轉身
在七七四十九步之上
驀然回首
蛇已隱沒
我不知道
那條剛柔並濟的冷血動物
它是如何回家的
也不知道
我這條心有餘悸的熱血漢子
是怎樣回家的
我只知道
家
是一個並不安全的地方——
在我失眠和多夢的夜裏
常常有
　　　蛇
　　　戴
　　　著
　　眼鏡
　　　與
　　　我
　　　對
　　　視　　　　　　　93. 1. 13 作

感謝烏鴉

整個冬天
我心事重重

下雪的日子
我足不出戶，重操舊業
化雪的日子
我仰望蒼穹，淚眼矇矓

沒人叫我多說什麼

烏鴉盤旋
在我的身上
遺落斑駁的光影
謝謝，烏鴉——
黑翅膀的盜火者
天氣漸冷
我冰封的雙眼
仍能看清你們
忙碌的身影
我還看見
烏鴉的上空

依然是成群的烏鴉
上空的上空
是金黃色的暖風

沒人叫我多説什麼

站在迎風的雪地上
仰望陰霾
我只能大喊：烏鴉——
謝謝——
你們這些連僵屍也不肯放棄的
忠於職守的
黑色精靈

93．10．14

與波分梨

波，我該如何幫你
止住這水皮的顫慄
你知道
沒有利刀能劈水
你也知道
我沒有利刀
你更知道
我不會劈你

面對一枚梨子
兩個沒有刀子的人
如何分得開
分梨之前
我看見阿波口銜香枝
分梨之前
我聽見阿波無語而泣
波，從冬季裏走出
我只剩下一付水做的骨頭
但只要你願意
我的波，我可以奉上我瘦弱的骨頭
以及骨子裏全部的傲氣

93. 7. 13

石不爛，海不枯

酒窩深陷的人兒
你為何眉頭緊蹙
我知道
以你的方略
足讓海盜船隊沉沒
離岸之前
我沒帶足夠的盤纏
漂泊的日子
我只能以灰色調的筆觸
送你些淒清的詩句
如今
我要回到岸上
重過半坡人的生活
不必傷懷
更不許哭泣
石不爛，海不枯
我還將出海看你

93. 11. 17

一個春天的童話

在水上，那天
水很綠
天很藍
風不是很大
帆卻鼓得很滿
尋夢
我們在島上流連

很想到幽谷裏走走
你卻牽著手
執意領我上山
我要放飛蒲公英
你說
谷底正盛開著紅杜鵑
我不知如何是好
你說：聽話
才是優秀兒童團員
映山紅開過
給你就是了
今天，只送你一朵
雪蓮，我說

那兒還有一朵呐
你生氣地笑了
很甜──很甜

　　　　　　93. 7. 26 早

我的自由觀

當濁水留在了枕上

聖水給菩薩收走

當美好讓惡人盡占

而我只剩一俱骷髏

我的擅於辭令的人子啊

你還愛我嗎

請你鬆開

你那執我的手

任我的顱骨

隨波逐流

好讓那些打水漂的孩童

當靶子玩個夠

一旦不被擊中

我會笑個不休

93. 9. 16 早

我的駿馬，我的騎手

究竟為了什麼
你要踏上這玻璃的路
是為與時光賽跑
還是為了找尋
失散多年的蒼鹿

你可知道
在玻璃失語的天際
你將馬失前蹄
你可知道
鹿鳴響起
你將盡喪傲氣

93. 9. 3

顧城走好

——驚悉著名朦朧派先鋒詩人顧城10月8日在新西蘭殺妻後自縊，欲哭無淚，以詩詠悲。

夏天，你那頂用麥秸編織的
草帽一直給東風吹到西天
霧露漸涼
秋葉繽紛了
你那頂草帽仍沒有著落

你停下腳步
用左側的屁股
倚著新西蘭鄉間
　　茅舍右側的門扇
一會看天，一會看地
一會兒看看營養不良的妻子
這個時候
風聲已過
新西蘭的陽光很好地照著
你偶然記起
那頂爛了沿兒的草帽
八成是留在
　　不得回歸的
　　　盛產童話的

千里之遙的故鄉了

幾個春秋下來
你屋後的花園
竟沒長成一口
　　成熟的葫蘆
而你的手頭
只剩下一只遲鈍了的水筆，一把
　　從未開過刃的
　　　　斧子——
天河很寬
上路之前，你順便
　　捎上大嫂的頭顱
我不反對
擅於炮製童話的兄長啊
你留下一個衣著單薄的孩子
給誰——
冬天來臨
大雪將至
陽光全給烏鴉銜走了
而你童話裏的陽光
　　稀而又疏
　　一文不值
總不能讓你的寶貝兒子
以賣火柴為生吧　　　　　　93. 10. 29

墳塋

究竟為了什麼
要把墳塋修成乳房的模樣
是為讓哭墳的人們
想起母親的哺育
活得更加堅強

93. 9. 16上午

走出煉獄

走出煉獄
走出千年孤苦
擺脫水妖的舞蹈
火舌的追逐

我不敢瞻前
我不敢回顧
更不敢低頭
看一眼赤裸的自己

秋陽燦爛
菊花正怒
一個新生的漢子
已忘卻如何啼哭
上帝——
抱緊我

93. 10. 18

致孫濤先生

竊以為，詩歌本身是形而上的，而靈魂與精神之煉獄，恰恰是「惑」之生命狀態本身。

藝術源於生活且高於生活，詩歌藝術當然也不例外。但這裏的高，我不同意海子、駱一禾、趙先發們所追求的那種絕對崇高。那種追求，對於詩歌來說，無疑是一種揠苗助長式的技術性失誤，極易造成詩歌播種者精神與人格的分離，走向肉體生命的自毀。我更多地偏向於把詩歌看作一種精神自慰的工具，至於社會責任感與崇高義務，那只不過是詩人為美化自己、神化自己（由神創造的人類從他誕生的那一天起，就時刻惦記著神化自己，在這一點上，詩人也未能脫俗）而苦心營製的花俏的幌子，經不起不惑之人琢磨的。

說到底，海子、駱一禾、顧城們的死，實際上是詩人陷入生存困境的肉體生命本身無力擺脫生活煉獄的煎熬，而決非形而上意義上的真的大超脫。

至於只有蒼白和冷汗展示於世人，那至多是詩具體操作上的技術原因，不過以你的語言造詣，倘有煉獄般的生活作底蘊，我想，大致不該成為問題的吧。不過你得承認，沒人情願將自身主動投入煉獄般的生活深淵的，包括你。

對「土氣」的理解，我亦有與你不盡相同之處：土者，萬物之源也；氣者，本元者也。有了土氣，你的生命也就有了篷勃滋長的全部理由，那你還有什麼值得懊惱和沮喪的呢——孫先生？

　　　　　　　　　　　　大水　93. 11. 14午敬上

附：

孫濤的信

　　對於詩的愛與恨，常令人陷入一種尷尬的狀態：惑。愚鈍的有原則和精明的有原則都是明朗的境界。

　　面對時常通俗物化的生命，詩竟怎樣在庸俗的土壤中成長為崇高？成長為靈魂與精神的煉獄？孤獨，銘心刻骨的孤獨，又如何憾人心魄地在精明與愚鈍中鑄成豐碑，讓每每肅然而立的人們凄然淚下？

　　偶然地知道萊西有個叫大水的詩人，結了一本尚未出版的詩集，如同在墜向愚鈍的洪流中抓住了稻草般，驚喜而匆忙地讀完。說讀，在於心。

　　以己入書與出書，入世與出世之境界，難致通達。止於迷惘中看到另一種——生存狀態的惑。思而不通，通而不達，是惑。正如在深刻的創痛中，展示給世人蒼白和冷汗。便愈感受到一種激情，在層岩下奔騰、擁擠、煎熬，質樸到土氣。其域也小，其地也薄，唯其精髓，如「一枚無語的蚌」。

　　眞，粉末於塵是俗，凝煉成結是金。

　　小人可笑，讀後作是感。一笑。

孫濤

西北政法（學院）99# 710063

後　記

　　自一九八八年十月至一九九三年十月間零星草就的這八十餘首詩作得以最終成書，我首先得感謝台灣文史哲出版社社長彭正雄先生，從審稿、發排到校對，他做了大量艱苦細致的工作。著名詩人、青島市作家協會秘書長韓嘉川先生，百忙中抽時間閱讀詩稿，撰寫序言。期間，崔永利女士、劉祥勤先生、隋樹棟先生、王軍先生、王明坤先生、潘爲君先生、左魯江先生、高存法先生、宋吉臣先生、姜秀仁先生、董翠廷先生、姜德成先生、曲永君先生、史舒俠小姐、周娜小姐等諸多長官和朋友，都對詩集的出版給予過熱情關心和有力支持，在這裡一併表示誠摯的謝意。

大水　　1993. 11. 24
於山東萊西人民廣播電台播音室